Kerstin Kipker (Hrsg.)
Lichterglanz in allen Herzen
Die schönsten Weihnachtsgeschichten

Kerstin Kipker (Hrsg.)

Lichterglanz in allen Herzen

Die schönsten Weihnachtsgeschichten

Mit Bildern
von Anne Ebert

Arena

In neuer Rechtschreibung

1. Auflage 1998
© 1998 by Arena Verlag GmbH, Würzburg
Alle Rechte vorbehalten
Quellenhinweise am Schluss dieses Buches
Einband und Illustrationen: Anne Ebert
Herausgegeben von Kerstin Kipker
Gesamtherstellung: Westermann Druck Zwickau GmbH
ISBN 3-401-04890-2

Inhalt

Otfried Preußler

Die Krone des Mohrenkönigs

Damals, an jenen Tagen und Nächten, als die Dreikönige aus dem Morgenland unterwegs waren, um nach dem Jesusknaben zu suchen und ihm mit Myrrhen, Weihrauch und Gold ihre Huldigung darzubringen, sind sie, so ist uns als Kindern erzählt worden, auch in die Gegend gekommen, wo ich in früheren Jahren zu Hause gewesen bin: also ins Böhmische, über die schlesische Grenze herein, durch die großen, verschneiten Wälder. Das mag man, vergegenwärtigt man sich die Landkarte, einigermaßen befremdlich, ja abwegig finden; indessen bleibt zu erinnern, dass die Dreikönige, wie geschrieben steht, nicht der Landkarte und dem Kompass gefolgt sind auf ihrer Reise, sondern dem Stern von Bethlehem und dem wird man es schwerlich verübeln können, wenn er sie seine eigenen Wege geführt hat.

Jedenfalls kamen sie eines frostklaren Wintermorgens über die Hänge des Buchbergs gewandert und waren da: Nur sie drei allein, wie man uns berichtet hat, ohne Tross und Dienerschaft, ohne Reitpferde und Kamele (die hatten sie wohl zurücklassen müssen, der Kälte wegen und weil sie im tiefen Schnee kaum weitergekommen wären, die armen Tiere). Sie selbst aber, die Dreikönige aus dem Morgenland, seien ganz und gar unköniglich gewandet gewesen: In dicken, wattierten

Kutschermänteln kamen sie angestapft, Pelzmützen auf dem Kopf und jeder mit einem Reisebündel versehen, worin er nebst einiger Wäsche zum Wechseln und den Geschenken, die für den Jesusknaben bestimmt waren, seine goldene Krone mitführte: Weil man ja, wenn man von weitem schon an der Krone als König kenntlich ist, bei den Leuten bloß Neugier erregt und Aufsehen, und das war nicht gerade nach ihrem Geschmack.

»Kalt ist es!«, sagte der Mohrenkönig und rieb sich mit beiden Händen die Ohren. »Die Sterne am Himmel sind längst verblasst – wir sollten uns, finde ich, für den Tag eine Bleibe suchen.«

»Recht hast du, Bruder Balthasar«, pflichtete König Kaspar ihm bei, sich die Eiszapfen aus dem weißen Bart schüttelnd. »Seht ihr das Dorf dort? Versuchen wir's gleich an der ersten Haustür und klopfen wir an!«

König Melchior als der Jüngste und Kräftigste watete seinen Gefährten voran durch den knietiefen Schnee auf das Haus zu, das ihnen am nächsten war.

Dieses Haus aber, wie es der Zufall wollte, gehörte dem Birnbaum-Plischke; und Birnbaum-Plischke, das darf nicht verschwiegen werden, stand bei den Leuten im Dorf nicht gerade im besten Ruf, weil er habgierig war und ein großer Geizkragen – und aufs Geld aus, herrje, dass er seine eigene Großmutter, wenn sie noch lebte, für ein paar Kreuzer an die Zigeuner verkauft hätte, wie man so sagt.

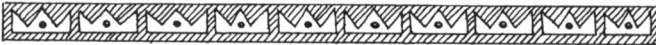

Nun klopfte es also an seiner Haustür und draußen standen die Könige aus dem Morgenland, aber in Kutschermänteln, mit Pelzmützen auf dem Kopf, und baten den Birnbaum-Plischke um Herberge bis zum Abend.

Zuerst hat der Plischke sie kurzerhand wegschicken wollen, weil nämlich: Mit Bettelleuten mochte er nichts zu tun haben, knurrte er. Aber da hat ihm der König Melchior einen Silbertaler unter die Nase gehalten, um ihm zu zeigen, dass sie die Herberge nicht umsonst begehrten – und Plischke den Taler sehen, die Augen aufreißen und die Haustür dazu: Das war alles eins.

»Belieben die Herren nur einzutreten!«, hat er gesagt und dabei nach dem Taler gegrapscht und dann hat er gekatzbuckelt, dass er sich bald das Kreuz verrenkt hätte. »Wenn die Herren so gut sind und möchten mit meiner bescheidenen Stube vorlieb nehmen, soll's ihnen an nichts fehlen!« Seit er den Taler bekommen hatte, war Birnbaum-Plischke wie ausgewechselt. Vielleicht, hat er sich gesagt, sind die Fremden reisende Kaufherren – oder verkleidete polnische Edelleute, die mitsamt ihrem Leibmohren unerkannt über die Grenze wollten; jedenfalls sind sie was Besseres, weil sie Geld haben, und zwar viel, wie es scheint: Denn wer zahlt schon für ein paar Stunden am warmen Ofen mit einem vollen Taler? Da kann, wenn du Glück hast, Plischke, und es den Herren recht machst, leicht noch ein zweiter herausspringen. Solches bedenkend, führt Birnbaum-Plischke die Könige in die gute Stube und hilft ihnen aus den Mänteln; dann ruft er sein Weib, die Rosina, herzu und sagt ihr, sie soll eine Biersuppe für die Herren kochen, aber geschwind, geschwind, und dass sie ihm ja nicht an Zucker und Zimt spart, die Nelken auch nicht vergisst und zum Schluss ein paar Löffel Branntwein darantut!

Die Plischken erkennt ihren Alten kaum wieder. Was ist denn in den gefahren? Er aber scheucht sie zur Tür hinaus, in die Küche, und poltert, dass sie sich sputen soll, denn die Herren sind hungrig und durchgefroren und brauchen was Heißes zum Aufwärmen und da ist eine Biersuppe akkurat richtig für sie, die wird ihnen gut tun. Er selbst eilt hernach in den Holzschuppen, schleppt einen Korb voll Buchenscheiten herbei und dann schürt er im Kachelofen ein mächtiges Feuer an, dass es nur so prasselt.

Den Königen ist es nicht entgangen, wie gründlich sich Birnbaum-Plischkes Verhalten geändert hat, und es ist ihnen nicht ganz wohl dabei, denn sie können den Blick nicht vergessen, mit dem er sich auf den Taler gestürzt hat.

»Kann sein«, sagt der König Melchior, während Plischke noch einmal um Holz hinausläuft, »kann sein, dass es besser ist, wenn wir ein Häusel weiter gehen: Der Mann da gefällt mir nicht.«

König Kaspar ist einer Meinung mit ihm. Doch der Mohrenkönig erwidert: »Bedenkt, liebe Brüder, dass wir in Gottes Hand stehen! Wenn es sein Wille ist, dass wir das Kindlein

finden, um dessentwillen wir seinem Stern hinterdreinwandern Nacht für Nacht: dann wird er auch dafür sorgen, dass uns unterwegs kein Leid geschieht – weder hier, unterm Dach dieses Menschen, der voller Geldgier und Falsch ist, noch anderswo.« Das sehen die Könige Kaspar und Melchior ein und sie schämen sich ihres Kleinmuts und sagen zum König Balthasar: »Recht hast du, Bruder Mohrenkönig! Wir wollen uns Gott befehlen und bis zum Abend hier bleiben, wo wir nun einmal sind.«

Bald danach tischte Plischkens Rosina ihnen die Biersuppe auf und das heiße Gebräu, das nach Zimt und nach Nelken duftete, und ein wenig nach Branntwein obendrein, tat den Königen wohl, auf die kalte Nacht hin; so wohl, dass der Mohrenkönig die alte Plischken um das Rezept bat und es sich aufschrieb und ihr dafür einen Taler verehrte, obgleich, wie er meinte, ein solches Rezept nicht mit Geld zu bezahlen sei.

Was aber eine richtige Biersuppe ist, noch dazu, wenn die Köchin nicht mit Branntwein gespart hat: die macht, wie man weiß, nicht nur warm, die macht auch schläfrig. Den Königen aus dem Morgenland kam das gerade recht, sie hätten sich ohnehin ein paar Stunden aufs Ohr gelegt, wie sie das allerorten zu tun pflegten, wo sie Tagrast hielten. Sie waren dabei, was ihr Lager anging, nicht wählerisch. Schon wollten sie auf dem hölzernen Fußboden ihre Mäntel ausbreiten, um sich darauf zu legen, in Hemd und Ho-

11

sen, das Reisebündel unter dem Kopf und die Jacke, so weit
sie reichte, als Zudecke über den Leib – da kommt Birnbaum-Plischke hinzu, schlägt die Hände über dem Kopf
zusammen und sagt, dass er das nicht zulässt, dass sich die
Herren Reisenden auf den Fußboden legen. Das könnten
sie ihm nicht antun, da müsst er sich ja sein Lebtag in
Grund und Boden schämen: Kurzum, er besteht darauf,
dass die drei ihm hinauffolgen in die Schlafkammer, wo die
Rosina inzwischen schon alles frisch bezogen hat, und dass
sie in ihren eigenen, Plischkens, Betten schlafen, denn anders macht er's auf keinen Fall, und das dürften sie ihm
nicht abschlagen. Damit eilt er auch schon hinaus und
zieht die Tür hinter sich zu.

Die Könige Kaspar und Melchior haben sich staunend ange-
blickt und den Kopf geschüttelt; aber der Mohrenkönig, der
Balthasar, hat ganz einfach sein Reisebündel neben die Tür
geworfen und angefangen sich auszuziehen.

»Wie lang ist es her«, rief er lachend, »dass wir in keinen
richtigen Betten geschlafen haben? Kommt, worauf wartet
ihr, da ist Platz genug für uns!« Die Könige Kaspar und
Melchior mussten ihm Recht geben, und nachdem sie den
Birnbaum-Plischke noch einmal herbeigerufen und ihm
den Auftrag gegeben hatten, er möge sie gegen Abend
wecken, sie müssten bei Einbruch der Dunkelheit weiter-
ziehen, legten auch sie ihre Bündel und Kleider ab; und es
zeigte sich nun, dass der Mohrenkönig sich nicht ver-

schätzt hatte: Plischkens Ehebett war so breit und geräumig, dass sie zu dritt darin unterkamen, ohne sich gegenseitig im Weg zu sein. Das frische Leinen duftete nach dem Quendelkraut, das die Rosina als gute Hausfrau in ihrer Wäschetruhe nicht missen mochte, das Lager war weich und warm und die Biersuppe tat ein Übriges nach der langen Nacht: Den Königen aus dem Morgenland fielen die Augen zu und es dauerte kaum ein paar Atemzüge, da schliefen sie tief und fest und der Mohrenkönig fing voller Inbrunst zu schnarchen an, als gelte es, einen ganzen Palmenhain kurz und klein zu sägen.

So schliefen sie also und schliefen und merkten nicht, wie sich Birnbaum-Plischke auf leisen Sohlen hereinschlich und sich an ihren Bündeln zu schaffen machte, atemlos und mit flinken Fingern. Denn Plischke ist nicht von gestern; er ahnt, dass die fremden Herren in seiner Kammer von reicher Herkunft sind, und nun will er es ganz genau wissen, was es mit ihren Bündeln auf sich hat. Er durchwühlt sie – und findet die Königskronen!

Da ist es um ihn geschehen. Ohne sich lange zu besinnen, nimmt er die größte und kostbarste der drei goldenen Kronen an sich (dass es die Krone des Mohrenkönigs ist, kann er natürlich nicht wissen, woher denn auch), und nachdem er die Bündel wieder verschnürt hat, eilt er mit seiner Beute hinab in den Ziegenstall, wo er sie unters Stroh schiebt und einen leeren Milcheimer drüberstülpt. Hoffentlich, denkt er,

merken die Fremden nichts davon, wenn sie aufwachen und sich anziehen – hoffentlich …

Aber die Könige aus dem Morgenland schöpfen keinen Verdacht, wie Plischke sie wecken kommt. Außerdem sind sie in Eile, sie essen nur rasch noch ein paar Löffel Hafergrütze, dann ziehen sie ihre Mäntel an, schlagen die Krägen hoch, geben Plischkens zum Abschied zwei Taler, bedanken sich für das gute Quartier und das Essen und ziehen ahnungslos ihres Weges.

Die Sterne funkeln über den Wäldern, der Schnee knirscht bei jedem Schritt und Birnbaum-Plischke steht unter der Tür seines Hauses und blickt den Dreikönigen nach, bis sie endlich zum Dorf hinaus und verschwunden sind.

Nun hält es ihn nicht mehr länger, er rennt in den Ziegenstall, stößt den Melkeimer mit dem Fuß weg und zieht unterm Stroh die goldene, mit Juwelen besetzte Krone hervor. Er läuft damit in die Küche, wo die Rosina gerade dabei ist, die Teller und Löffel zu spülen; und wie sie die Krone in seinen Pratzen funkeln und blitzen sieht, da erschrickt sie und wendet sich von ihm ab. »Plischke!«, ruft sie. »Was soll das, um Himmels willen, was hast du da?« Plischke erklärt ihr des Langen und Breiten, woher er die Krone hat; und er will sie, so sagt er ihr, einem Goldschmied verkaufen, drüben in Bunzlau oder herüben in Reichenberg – je nachdem, wo ihm mehr geboten wird. Sie aber, die Rosina, will das nicht hören, sie fällt ihm

ins Wort und beginnt zu keifen. »Plischke!«, zetert sie. »Bist du um allen Verstand gekommen? Die Fremden werden dich an den Galgen bringen, wenn sie herauskriegen, was du getan hast!«

»Nu, nu«, beschwichtigt sie Plischke, »die haben ja keinen Beweis gegen mich, die können die Krone ja sonst wo verloren haben – da mach dir nur keine Sorgen, Alte, das hab ich mir alles genau zurechtgelegt.«

Und dann sticht ihn der Hafer, da nimmt er die Krone des Mohrenkönigs in beide Hände und setzt sie sich auf den Schädel, zum Spaß nur, aus schierem Übermut – und, oh Wunder, sie passt ihm wie angegossen, als sei sie für ihn geschmiedet.

»Sieh her!«, ruft er der Rosina zu und tanzt damit in der Küche herum. »Wie gefall ich dir mit dem Ding?«

Die Plischken, kaum dass sie ihn flüchtig betrachtet hat, fängt zu lachen an. »Aber nein doch!«, prustet sie. »Lass den Unsinn, Alter, und wasch dir den Ruß vom Gesicht, du siehst ja zum Fürchten aus!«

»Welchen Ruß denn?«, fragt Birnbaum-Plischke und schaut in den Spiegel neben dem Küchenschrank; und da sieht er, dass seine Stirn und die Wangen schwarz sind, die Nase, das Kinn und die Ohren ebenso – schwarz, wie mit Schuhwichse voll geschmiert. »Sonderbar«, meint er, »das muss von der Lampe kommen oder vom Ofenschüren . . . Schaff Wasser her, Alte, und Seife, damit ich das wieder runterbringe!«

Dann setzt er die Krone ab, zieht das Hemd aus und wäscht sich; er schrubbt das Gesicht mit der Wurzelbürste und heißem Wasser, mit Soda und Seifenlauge. Es ist wie verhext mit der schwarzen Farbe, sie lässt sich nicht wegrumpeln, auch mit Waschsand nicht, eher scheuert er sich die Haut durch.

Da dämmert es Plischken, dass er zu einem Mohren geworden ist; und die Rosina merkt auch, dass die Farbe echt ist und nie mehr abgehen wird.

»Ogottogott!«, schluchzt sie. »Was werden die Leute bloß sagen, wenn du mit deiner schwarzen Visage ins Dorf kommst! Die werden sich schief und krumm lachen, wenn sie dich sehen! Und glaub mir, die Kinder werden dir nachlaufen, wo du auftauchst, und schreien: ›Der Mohr kommt, der Mohrenplischke!‹ Und alles nur, weil du die Krone gestohlen hast!«

»Was denn?«, meint Plischke betroffen. »Was soll denn die Krone damit zu tun haben, dass ich schwarz bin?«

»Da fragst du noch?«, fährt die Alte ihn an. »Ich sage dir: Weil du die Krone gestohlen hast, bist du zur Strafe ein Mohr geworden – das ist doch so klar wie nur irgendwas auf der Welt! Und ein Mohr wirst du bleiben in alle Ewigkeit, wenn du sie nicht zurückgibst!«

»Die Krone?«, ruft Plischke. »Die Krone soll ich zurückgeben? Überleg dir mal, was du da redest, Alte!«

»Da gibt's nichts zu überlegen«, sagt die Rosina, »begreif das doch! Zieh dir die Stiefel an, Plischke, und lauf, was du kannst, damit du die Herren einholst und die Geschichte ins Reine bringst!«

Plischke, nach einigem Wenn und Aber, sieht ein, dass ihm keine Wahl bleibt: Die Alte hat Recht. Also her mit den Stiefeln, den Mantel an und die Mütze auf! Und die Krone!

»Wir schlagen sie in ein Tuch ein«, sagt die Rosina. Das tut sie auch und danach schiebt sie den Birnbaum-Plischke zur Tür hinaus in die Kälte. »Lauf zu!«, ruft sie hinter ihm drein. »Lauf zu und verlier die Spur nicht!«

Der Mond scheint, es ist eine helle Nacht und die Spur, die die Könige hinterlassen haben, ist leicht zu finden; sie führt über Berg und Tal, durch die Wälder und über Blößen, immer geradeaus, wie mit dem Lineal gezogen. Plischke, was-hast-du-was-kannst-du, folgt ihr, so schnell ihn die Füße tragen – und endlich, schon tief im Böhmischen ist es, die Sterne am Himmel verblassen bereits und hinter den Bergen zeigt sich der Morgen an: Endlich erblickt er die drei vor sich, einen Hügel emporsteigend. »Heda!«, schreit er und »Hallo!« und »Wartet doch, wartet doch! Ich bin's, ich hab was für euch!«

Da bleiben die Könige stehen und wenden sich nach ihm um und der Birnbaum-Plischke nimmt seine letzte Kraft zusammen und rennt auf sie zu mit den Worten: »Ihr habt was vergessen bei uns in der Schlafkammer – das da . . . Ich hab es gefunden und bin euch nachgerannt: Hier!« Damit schlägt

er das Tuch auseinander und hält ihnen die gestohlene Krone hin. »Die gehört euch doch – oder?«

Der Mohrenkönig erkennt sie sogleich und er freut sich darüber, dass Plischke sie ihm gebracht hat. »Hab Dank, guter Mann«, sagt er. »Weit hast du laufen müssen, um sie mir nachzutragen; Gott lohn es dir!«

Birnbaum-Plischke blickt überrascht in das freundliche schwarze Gesicht des Fremden; und plötzlich, er kennt sich kaum wieder, kommt er sich fürchterlich schäbig vor. Etwas würgt ihn im Halse, das muss er loswerden, sonst erstickt er dran.

»Herr«, bringt er mühsam hervor, »sag nie wieder ›guter Mann‹ zu mir! Du musst wissen, dass ich ein Dieb bin – und dass ich die Krone gestohlen habe.«

»Gestohlen?«, staunte der Mohrenkönig. »Und wiedergebracht?«

»Weil mir's Leid tut«, stammelte Plischke, »und weil es nicht recht war. Verzeiht mir, ihr werten Herren, ich bitte euch sehr darum!«

Die Dreikönige aus dem Morgenland blickten sich an und es schien, dass sie einer Meinung waren.

»Wenn es dir Leid tut«, sagt der Mohrenkönig, »dann sei dir verziehen, Alter, und alles hat seine Ordnung. – Aber was hast du denn?«

»Ach«, druckste Plischke herum, denn mit einem Mal war es ihm wieder eingefallen, »es ist bloß . . . Ich möchte sagen . . .

Mir ist da ein dummes Ding passiert. – Werd ich auch wieder ein weißes Gesicht haben, wenn ich zurückkomme in mein Dorf?«

»Dein Gesicht wird weiß sein wie eh und je«, versprach ihm der Mohrenkönig. »Doch scheint es mir auf die Farbe, die eines Menschen Gesicht hat, nicht anzukommen. Lass sie von mir aus schwarz oder gelb oder rot sein wie Kupfer – Hauptsache, dass du kein schwarzes Herz hast! Die Leute freilich, die sehen das nicht! Aber einer sieht es, der alles sieht: Das bedenke!«

Dann wandten die Könige sich zum Gehen, und Plischke allein zurücklassend (mochte er zusehen, wie er mit sich ins Reine kam), zogen sie ihres Weges.

Die Haselrute

Eines Nachmittags hatte sich das Christkind in sein Wiegen-
bett gelegt und war eingeschlafen, da trat seine Mutter heran,
sah es voll Freude an und sprach: »Hast du dich schlafen
gelegt, mein Kind? Schlaf sanft, ich will derweil in den Wald
gehen und eine Hand voll Erdbeeren für dich holen; ich weiß
wohl, du freust dich darüber, wenn du aufgewacht bist.«
Draußen im Wald fand sie einen Platz mit den schönsten
Erdbeeren, als sie sich aber herabbückte, um eine zu brechen,
so springt aus dem Gras eine Natter in die Höhe. Sie erschrickt, lässt die Beere stehen und eilt hinweg. Die Natter
schießt ihr nach, aber die Mutter Gottes, das könnt ihr denken, weiß guten Rat, sie versteckt sich hinter einer Haselstaude und bleibt da stehen, bis die Natter sich wieder verkrochen
hat. Sie sammelt dann die Beeren, und als sie sich auf den
Heimweg macht, spricht sie: »Wie die Haselstaude diesmal
mein Schutz gewesen ist, so soll sie es auch in Zukunft andern
Menschen sein.« Darum ist seit den ältesten Zeiten ein grüner
Haselzweig gegen Nattern, Schlangen und was sonst auf der
Erde kriecht der sicherste Schutz.

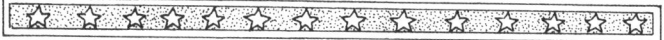

James Krüss

Ladislaus und Annabella

In der Ecke eines Fensters
Unten rechts im Warenhaus
Sitzt die Puppe Annabella
Mit dem Bären Ladislaus.

Annabella weint und jammert,
Ladislaus, der grunzt und schnauft:
Weihnachtsabend ist gekommen
Und die zwei sind nicht verkauft.

»Armer Bär!«, seufzt Annabella.
»Arme Puppe!«, schluchzt der Bär.
Tränen kullern in die Ecke.
Und das Herz ist beiden schwer.

In dem leeren Warenhause
Löscht man langsam Licht um Licht.
Nur in diesem einen Fenster,
Da verlöscht die Lampe nicht.

Voller Mitleid mit den beiden
Lässt der brave alte Mann
Von der Wach- und Schließgesellschaft
Diese letzte Lampe an.

Dann verlässt er Annabella
Und den Bären, welcher klagt
Und mit sehr gepresster Stimme
»Lebewohl« und »Servus« sagt.

In der menschenleeren Straße,
Abendstill und schneeverhüllt,
Sind die beiden in dem Fenster
Ein betrüblich Jammerbild.

Traurig vor der großen Scheibe
Fallen Flocken, leicht wie Flaum.
Und im Hause gegenüber
Glänzt so mancher Weihnachtsbaum.

Zehn Uhr schlägt's vom nahen Turme
Und fast schlafen beide schon,
Da ertönt im Puppenhause
Laut das Puppentelefon.

»Hallo«, fragt der Bär verschlafen.
»Hier das Kaufhaus. Wer ruft an?«
Da vernimmt er eine Stimme
Und die brummt: »Der Weihnachtsmann.«

»Oh«, ruft Ladislaus erschrocken.
»Was darf's sein, ich bitte sehr?«
»Eine schöne Puppenstube,
Eine Puppe und ein Bär.«

»Das ist alles noch zu haben!«,
Ruft die Puppe Annabell.
»Kommen Sie zum Warenhause
Unten rechts, doch, bitte, schnell!«

Das ist eine Überraschung.
Ladislaus kämmt schnell den Schopf
Und die Puppe Annabella
Flicht ein Schleifchen in den Zopf.

Und schon zehn Minuten später
kommt ein Schlitten, kommt ein Ross.
Und ein Alter steigt vom Schlitten
Und ein Schlüssel knarrt im Schloss.

Ladislaus, der quiekt und jodelt,
Annabella lacht und singt.
Als der Weihnachtsmann die beiden
In den Pferdeschlitten bringt.

Grad in diesem Augenblicke
Kommt der brave alte Mann
Von der Wach- und Schließgesellschaft
Wieder kontrollierend an.

Höflich grüßt er die Gesellschaft,
Springt zurück ins Warenhaus,
Holt die schöne Puppenstube
Und dann trägt er sie hinaus.

Leise sagt er zu der Puppe:
»Frohes Fest, mein liebes Kind«,
Während eine kleine Träne
In den großen Schnauzbart rinnt.

»Frohes Fest«, sagt Annabella.
»Frohes Fest«, sagt Ladislaus.
Dann wird's dunkel in dem Fenster
Unten rechts im Warenhaus.

Hans Christian Andersen

Das kleine Mädchen mit den Schwefelhölzern

Es war entsetzlich kalt; es schneite und war beinahe dunkel, der letzte Abend des Jahres. In dieser Kälte und Finsternis ging auf der Straße ein kleines, armes Mädchen mit bloßem Kopfe und nackten Füßen. Als sie das Haus verließ, hatte sie freilich Pantoffeln angehabt; aber was half das? Es waren sehr große Pantoffeln, die ihre Mutter bisher benutzt hatte, so groß waren sie. Die Kleine aber verlor dieselben, als sie über die Straße weghuschte, weil zwei Wagen schrecklich schnell vorüberrollten. Der eine Pantoffel war nicht wieder zu finden, den andern hatte ein Junge erwischt und lief damit fort. Da ging nun das kleine Mädchen mit nackten Füßen, die rot und blau vor Kälte waren. In einer roten Schürze trug sie eine Menge Schwefelhölzchen und ein Bund davon in der Hand. Niemand hatte ihr den ganzen langen Tag etwas abgekauft, niemand ihr einen Pfennig geschenkt.

Zitternd vor Kälte und Hunger, schlich sie einher, ein Bild des Jammers, die arme Kleine!

Die Schneeflocken bedeckten ihr langes, blondes Haar, welches in schönen Locken um den Hals fiel; aber daran dachte sie nun freilich nicht. Aus allen Fenstern glänzten die Lichter und es roch herrlich nach Gänsebraten: Es war ja Silvesterabend. Ja, daran dachte sie!

In einem Winkel, von zwei Häusern gebildet, von denen das eine etwas mehr vorsprang als das andere, setzte sie sich hin und kauerte sich zusammen. Die kleinen Füße hatte sie an sich gezogen; aber es fror sie noch mehr und nach Hause zu gehen wagte sie nicht; sie hatte ja keine Schwefelhölzchen verkauft und brachte keinen Pfennig Geld mit. Von ihrem Vater würde sie gewiss Schläge bekommen und zu Hause war es auch kalt; über sich hatten sie nur das Dach, durch welches der Wind pfiff, wenn auch die größten Spalten mit Stroh und Lumpen zugestopft waren.

Ihre kleinen Hände waren beinahe vor Kälte erstarrt. Ach!, ein Schwefelhölzchen konnte ihr gar wohl tun, wenn sie nur ein einziges aus dem Bunde herausziehen, es an die Wand streichen und die Finger erwärmen dürfte. Sie zog eins heraus. Rrscht!, wie sprühte, wie brannte es! Es war eine warme, helle Flamme, wie ein Lichtchen, als sie die Hände darüber hielt; es war ein wunderbares Lichtchen! Es schien wirklich dem kleinen Mädchen, als säße sie vor einem großen, eisernen Ofen mit polierten Messingfüßen und einem messingenen Aufsatze. Wie brannte das Feuer darin, wie wohl tuend wärmte es! Die Kleine streckte schon die Füße aus, um auch

diese zu wärmen: – Doch – da erlosch das Flämmchen, der Ofen verschwand, sie hatte nur die kleinen Überreste des abgebrannten Schwefelhölzchens in der Hand.

Ein zweites wurde an der Wand abgestrichen; es leuchtete, und wo der Schein auf die Mauer fiel, wurde diese durchsichtig wie ein Schleier: Sie konnte in das Zimmer hineinsehen. Auf dem Tische war ein weißes Tischtuch ausgebreitet, darauf stand glänzendes Porzellangeschirr und herrlich dampfte die gebratene Gans, mit Äpfeln und getrockneten Pflaumen gefüllt. Und was noch prächtiger anzusehen war, die Gans hüpfte von der Schüssel herunter und wackelte auf dem Fußboden, Messer und Gabel in der Brust, bis zu dem armen Mädchen hin. Da erlosch das Schwefelhölzchen und es blieb nur die dicke, feucht-kalte Mauer zurück. Sie zündete noch ein Hölzchen an. Da saß sie nun unter dem herrlichsten Christbaume; er war noch größer und geputzter als der, den sie durch die Glastür bei dem reichen Kaufmanne gesehen hatte. Tausende von Lichtern brannten auf den grünen Zweigen und bunte Bilder, wie sie an Schaufenstern zu sehen waren, blickten auf sie herab. Die Kleine streckte ihre Hände danach aus: Da erlosch das Schwefelhölzchen. Die Weihnachtslichter stiegen höher; sie sah sie jetzt als Sterne am Himmel; einer davon fiel herunter und bildete einen langen Feuerstreifen.

Jetzt stirbt jemand, dachte das kleine Mädchen, denn ihre alte Großmutter, die einzige, die sie lieb gehabt hatte, und die jetzt

27

gestorben war, hatte ihr erzählt, dass, wenn ein Stern herunterfällt, eine Seele zu Gott emporsteigt.

Sie strich wieder ein Hölzchen an der Mauer ab, es wurde wieder hell und in dem Gange stand die alte Großmutter, klar und schimmernd, gar mild und liebevoll.

»Großmutter!«, rief die Kleine. »Oh, nimm mich mit! Ich weiß du entfernst dich, wenn das Schwefelhölzchen erlischt; du verschwindest wie der warme Ofen, wie der herrliche Gänsebraten und der große, prächtige Weihnachtsbaum!« Und sie strich schnell das ganze Bund Schwefelhölzchen ab, denn sie wollte die Großmutter recht fest halten. – Und die Schwefelhölzchen leuchteten mit einem solchen Glanze, dass es heller wurde als mitten am Tage; die Großmutter war früher nie so schön, so groß gewesen; sie nahm das kleine Mädchen auf ihre Arme und beide flogen in Glanz und Freude hoch über die Erde, unendlich hoch; und dort oben war weder Kälte noch Hunger, noch Angst – sie waren beim lieben Gott.

Aber im Winkel an die Mauer gelehnt, saß in der kalten Morgenstunde das arme Mädchen mit roten Backen und mit lächelndem Munde – erfroren an des alten Jahres letztem Abend. Die Neujahrssonne ging auf über der kleinen Leiche. Starr saß dort das Kind mit den Schwefelhölzchen, von denen ein Bund abgebrannt war. »Sie hat sich erwärmen wollen«, sagte man. Niemand ahnte, was sie Schönes gesehen hatte, in welchem Glanze sie mit der Großmutter zur Neujahrsfreude eingegangen war.

Karl Heinrich Waggerl

Worüber das Christkind lächeln musste

Als Josef mit Maria von Nazareth her unterwegs war, um in Bethlehem anzugeben, dass er von David abstamme, was die Obrigkeit so gut wie unsereins hätte wissen können, weil es ja längst geschrieben stand – um jene Zeit also kam der Engel Gabriel heimlich noch einmal vom Himmel herab, um im Stalle nach dem Rechten zu sehen. Es war ja sogar für einen Erzengel in seiner Erleuchtung schwer zu begreifen, warum es nun der allererbärmlichste Stall sein musste, in dem der Herr zur Welt kommen sollte, und seine Wiege nichts weiter als eine Futterkrippe. Aber Gabriel wollte wenigstens noch den Winden gebieten, dass sie nicht gar zu grob durch die Ritzen pfiffen, und die Wolken am Himmel sollten nicht gleich wieder in Rührung zerfließen und das Kind mit ihren Tränen überschütten, und was das Licht in der Laterne betraf, so musste man ihm noch einmal einschärfen nur bescheiden zu leuchten und nicht etwa zu blenden und zu glänzen wie der Weihnachtsstern.

Der Erzengel stöberte auch alles kleine Getier aus dem Stall, die Ameisen und Spinnen und die Mäuse, es war nicht auszuden-

ken, was geschehen konnte, wenn sich die Mutter Maria vielleicht vorzeitig über eine Maus entsetzte! Nur Esel und Ochs
durften bleiben, der Esel, weil man ihn später ohnehin für die
Flucht nach Ägypten zur Hand haben musste, und der Ochs, weil
er so riesengroß und so faul war, dass ihn alle Heerscharen des
Himmels nicht hätten von der Stelle bringen können.

Zuletzt verteilte Gabriel noch eine Schar Engelchen im Stall
herum auf den Dachsparren, es waren solche von der feinen
Art, die fast nur aus Kopf und Flügeln bestehen. Sie sollten ja
auch bloß still sitzen und Acht haben und sogleich Bescheid
geben, wenn dem Kinde in seiner nackten Armut etwas Böses
drohte. Noch ein Blick in die Runde, dann hob der Mächtige
seine Schwingen und rauschte davon.

Gut so. Aber nicht ganz gut, denn es saß noch ein Floh auf
dem Boden der Krippe in der Streu und schlief. Dieses win-
zige Scheusal war dem Engel Gabriel entgangen, versteht sich,
wann hatte auch ein Erzengel je mit Flöhen zu tun!

Als nun das Wunder geschehen war und das Kind lag leibhaf-
tig auf dem Stroh, so voller Liebreiz und so rührend arm, da
hielten es die Engel unterm Dach nicht mehr aus vor Entzücken, sie umschwirrten die Krippe wie ein Flug Tauben.
Etliche fächelten dem Knaben balsamische Düfte zu und die
anderen zupften und zogen das Stroh zurecht, damit ihn ja
kein Hälmchen drücken oder zwicken möchte.

Bei diesem Geraschel erwachte aber der Floh in der Streu. Es
wurde ihm gleich himmelangst, weil er dachte, es sei jemand

hinter ihm her, wie gewöhnlich. Er fuhr in der Krippe herum und versuchte alle seine Künste und schließlich, in der äußersten Not, schlüpfte er dem göttlichen Kinde ins Ohr.

»Vergib mir!«, flüsterte der atemlose Floh. »Aber ich kann nicht anders, sie bringen mich um, wenn sie mich erwischen. Ich verschwinde gleich wieder, göttliche Gnaden, lass mich nur sehen, wie!«

Er äugte also umher und hatte auch gleich seinen Plan. »Höre zu«, sagte er, »wenn ich alle Kraft zusammennehme und wenn du stille hältst, dann könnte ich vielleicht die Glatze des heiligen Josef erreichen und von dort weg kriege ich das Fensterkreuz und die Tür . . .«

»Spring nur!«, sagte das Jesuskind unhörbar. »Ich halte still!«

Und da sprang der Floh. Aber es ließ sich nicht vermeiden, dass er das Kind ein wenig kitzelte, als er sich zurechtrückte und die Beine unter den Bauch zog.

In diesem Augenblick rüttelte die Mutter Gottes ihren Gemahl aus dem Schlaf.

»Ach, sieh doch!«, sagte Maria selig. »Es lächelt schon!«

Paul Maar

Weihnachtsüberraschungen

Wenn ich versuche zurückzudenken, dann gibt es nicht viele Weihnachtsabende, an die ich mich noch genau erinnern kann. Die Erinnerungen verwischen und vermischen sich mit der Zeit, weil sie sich zu sehr ähneln. Der Ablauf des Weihnachtsabends blieb immer gleich, das Einzige, was wechselte, waren die Weihnachtsgeschenke.

Ein paar Weihnachtsfeste blieben mir allerdings in Erinnerung. Das waren die besonders traurigen (während der Kriegszeit, wenn ich mit meiner weinenden Mutter, etwas betreten, neben dem Christbaum saß) oder die besonders lustigen.

Aber das aufregendste Weihnachtsfest war zweifellos das, als Vater den Christbaum aus dem Fenster warf.

Die ganze Verwirrung damals kam wahrscheinlich zu Stande, weil sich meine große Schwester eine Weihnachtsüberraschung ausgedacht hatte, von der zwar ich etwas wusste, nicht aber der Rest der Familie. Und weil sich mein Vater gleichzeitig eine Weihnachtsüberraschung hatte einfallen lassen, von der der Rest der Familie wusste, nicht aber meine große Schwester und ich.

Unsere Weihnachtsüberraschung, also die von meiner Schwester und mir, war Joschi.

Vaters Weihnachtsüberraschung war Tante Rosi.

Joschi war ein japanischer Student, den meine Schwester in München auf der Universität kennen gelernt hatte. Während des Sommers war er drei Tage bei uns zu Besuch gewesen. Die ganze Familie hatte ihn auf Anhieb gern; obwohl es schwierig war, sich mit ihm zu unterhalten. Er sprach nämlich kaum ein Wort Deutsch. Mit meiner Schwester unterhielt er sich englisch, aber Englisch konnten meine Eltern nicht und meine Schwester war es nach ein paar Stunden leid, alles, was sie oder Joschi sagten, zu übersetzen.

Tante Rosi war meine Großtante. Sie kam ab und zu bei uns vorbei und ich empfing sie jedes Mal mit gemischten Gefühlen. Auf die Tante freute ich mich schon, denn sie war nett und wusste, dass eine Großtante ihrem Großneffen immer etwas mitzubringen hatte. Leider brachte sie auch immer Mucki mit. Das war ihr Hund, ein dicker, überfütterter Pudel, der Kinder nicht leiden konnte, jedes Mal knurrte, wenn ich in seine Nähe kam, und mich mehr als einmal fast gebissen hätte. Sie musste Mucki überall mit hinnehmen, weil sie allein lebte und niemand sonst auf Mucki aufgepasst hätte.

Der Weihnachtsüberraschungs-Plan meiner Schwester sah so aus: Sie war am Nachmittag aus München zurückgekommen, hatte Joschi heimlich mitgebracht und es war ihr sogar

gelungen, ihn unbemerkt in mein Zimmer zu schmuggeln. Da war er vor Entdeckung sicher, denn die Eltern durften am Weihnachtsnachmittag das Kinderzimmer nicht betreten, so war es abgemacht, weil dort die Geschenke für sie versteckt waren.

Joschi sollte sich aus meinem Zimmer schleichen und vor der Tür warten, nachdem wir uns alle im Weihnachtszimmer versammelt hatten. Und wenn wir — wie jedes Jahr — anfingen »Stille Nacht« zu singen, sollte er die Tür aufmachen und plötzlich im Weihnachtszimmer stehen.

Meine große Schwester hatte mir einen Indianerkopfschmuck versprochen, wenn ich niemandem etwas von dieser Überraschung erzählte. Sie wusste, dass auf meiner Wunschliste an erster Stelle stand: ein Zauberkasten und ein Indianerkopfschmuck aus Federn.

Was wir beide nicht wussten: Fast gleichzeitig mit Joschi war Tante Rosi mit Mucki gekommen. Wir hatten sie nicht gehört, weil wir so mit Joschi beschäftigt waren.

Der Weihnachtsüberraschungs-Plan meines Vaters sah so aus: Er hatte Tante Rosi gleich ins Weihnachtszimmer geschmuggelt. Dort lagen schon die Geschenke für mich: eine Zauberausrüstung mit Hut, Zauberstab und rotem Umhang und eine Indianerfederkrone, die meine Mutter selbst gemacht hatte. Kurz bevor ich ins Weihnachtszimmer kam, sollte Tante Rosi die Federkrone aufsetzen und sich hinter dem zugezogenen Fenstervorhang verstecken. Meinem Vater

war klar, dass ich meine Zaubersachen gleich ausprobieren würde, vielleicht sogar ein bisschen enttäuscht darüber, dass der Indianerkopfschmuck, den ich mir so gewünscht hatte, doch nicht auf dem Gabentisch lag. Aber nach meinem ersten Zauberspruch würde sich der Vorhang teilen und Tante Rosi erscheinen, als Indianer mit meiner Federkrone.

Endlich war es draußen dunkel geworden, meine Mutter rief nach uns, die Tür zum Weihnachtszimmer wurde geöffnet. Die Kerzen am Christbaum brannten und spiegelten sich in den versilberten Christbaumkugeln. Es roch weihnachtlich.

Zu meiner Überraschung bestanden die Eltern nicht darauf, dass erst einmal Weihnachtslieder gesungen werden müssten, wir durften uns gleich die Geschenke ansehen.

Ich entdeckte sofort die Zaubersachen und stürzte mich darauf.

»Gefallen sie dir?«, fragte meine Mutter.

»Ganz toll!«, rief ich und setzte gleich den spitzen Zauberhut auf, um zu sehen, ob er mir passte.

»Sicher willst du den Zauberstab gleich ausprobieren!«, sagte mein Vater.

»Nein, erst muss ich den Zaubermantel anziehen«, antwortete ich und versuchte mir den Zaubermantel umzulegen. Ich kam mit dem Verschluss nicht zurecht.

Mein Vater stand ungeduldig daneben.

»Ich werde gleich was verschwinden lassen«, sagte ich.

»Verschwinden lassen ist nicht gut«, sagte mein Vater. »Zau-

berer zaubern etwas her. Am besten etwas Großes, etwas Lebendiges. Keinen Gegenstand!«

»Vielleicht einen Elefanten?«

»Der ist zu groß, der passt ja nicht ins Zimmer! Es muss ein Mensch sein!«

»Ein Mensch? Also gut! Ein fremder Mensch?«

Ich dachte an den armen Joschi, der ja immer noch vor der Tür stand, da wir bis jetzt noch keine Weihnachtslieder gesungen hatten.

»Einen Japaner«, rief ich. »Ich werde einen Japaner herzaubern!«

»Japaner!«, wiederholte mein Vater ärgerlich. »Fällt dir nichts Besseres ein? Du hast doch den Lederstrumpf gelesen. Na? Jemand aus einem anderen Volk, von ganz weit her!«

»Du hast wohl etwas gegen Japaner?«, rief meine Schwester empört und wurde ganz aufgeregt.

»Nein, natürlich nicht, das weißt du doch. Aber es dauert wirklich ewig, bis er sich den Indianer herwünscht!«

»Woher soll ich denn wissen, dass es ein Indianer sein soll!«, sagte ich beleidigt und war nahe daran, in Tränen auszubrechen. Ich verstand meinen Vater nicht. Es war doch klar, dass das Ganze ein Spiel war.

Meine Mutter sagte vorwurfsvoll: »Ihr werdet doch am Heiligen Abend keinen Streit anfangen wollen!«

»Du hast Recht«, sagte meine große Schwester. »Wir sollten endlich anfangen zu singen.«

»Nein, noch nicht«, sagte mein Vater aufgebracht. »Du singst doch sonst nie gern Weihnachtslieder. Warum denn ausgerechnet jetzt, wo sich dein Bruder einen Indianer herwünschen will!«

»Also gut«, sagte ich. »Zaubere ich einen.«

»Aber von wo soll er kommen?«, fragte mein Vater.

»Schau dich mal um, am besten wäre es wie über eine Bühne.« Dabei stellte er sich neben den Fenstervorhang.

»Nein, von der Tür«, sagte ich. Denn ich dachte an Joschi, der immer noch draußen stand.

»Nicht durch die Tür!« Mein Vater wurde ärgerlich. »Er muss durchs Fenster kommen.«

»Nein, durch die Tür«, beharrte ich.

»Durchs Fenster!«

»Jetzt lass doch den Paul wünschen«, sagte meine Schwester mit Nachdruck. »Schließlich ist es doch *sein* Zauberstab.«

Ich merkte, dass mein Vater schon wieder nah dran war aufzubrausen. Er bekam schon einen ganz roten Kopf, deswegen sagte ich schnell: »Na schön, soll der Japaner durchs Fenster kommen.«

»Der Indianer, der Indianer!«, verbesserte mein Vater.

Ich nahm meinen Zauberstab in die rechte Hand und zog einen weiten Zauberkreis über den Vorhang. Ehe ich aber dreimal »Abrakadabra« sagen konnte, stürzte mit lautem Bellen Mucki auf mich zu und biss sich in meinem roten Zaubermantel fest. Einen Augenblick später erschien Tante

37

Rosi im Indianerkopfschmuck zwischen den Vorhanghälften, schrie: »Mucki, brav! Mucki, hierher!«, packte Mucki am Halsband und zog, so stark sie nur konnte. Mucki ließ meinen Zaubermantel aus den Zähnen, Tante Rosi stolperte rückwärts gegen den Christbaum, der Baum kippte und fiel um. Im Nu fingen die Zweige an zu brennen. Tante Rosi schrie »Feuer!« und rannte zur Tür, meine Mutter rief »Wasser! Schnell!« und lief ihr nach. Tante Rosi erreichte die Tür als Erste, riss sie auf, schrie »Huh!« oder »Huch!« oder so etwas Ähnliches und blieb wie versteinert stehen. Etwas verlegen kam Joschi ins Zimmer, lächelte erst und schaute dann erschrocken auf den brennenden Christbaum. Meine Mutter sagte entgeistert: »Der Joschi!«, und blieb ebenfalls stehen. Nur mein Vater sagte überhaupt nichts, rannte zum Fenster, riss es auf, packte den brennenden Christbaum und warf ihn mit allen Christbaumkugeln, Strohsternen und vergoldeten Nüssen hinaus in den Schnee.

Später saßen wir dann alle um den Tisch und aßen den Weihnachtssalat aus Kartoffeln, Nüssen und Äpfeln, den es jedes Jahr gab. Joschi strahlte, meine Schwester lachte pausenlos und mein Vater sagte: »Ich glaube, diesen Weihnachtstag werden wir nicht so schnell vergessen!«

Und damit hat er Recht gehabt. Wenn ich mal nach Japan komme, kann ich ja meine Schwester fragen, ob sie sich auch noch daran erinnert.

Max Bolliger

Eine Wintergeschichte

Es war einmal ein Mann. Er besaß ein Haus, einen Ochsen, eine Kuh, einen Esel und eine Schafherde.

Der Junge, der die Schafe hütete, besaß einen kleinen Hund, einen Rock aus Wolle, einen Hirtenstab und eine Hirtenlampe.

Auf der Erde lag Schnee. Es war kalt und der Junge fror. Auch der Rock aus Wolle schützte ihn nicht.

»Kann ich mich in deinem Haus wärmen?«, bat der Junge den Mann.

»Ich kann die Wärme nicht teilen. Das Holz ist teuer«, sagte der Mann und ließ den Jungen in der Kälte stehen.

Da sah der Junge einen großen Stern am Himmel. Was ist das für ein Stern?, dachte er. Er nahm seinen Hirtenstab, seine Hirtenlampe und machte sich auf den Weg.

»Ohne den Jungen bleibe ich nicht hier«, sagte der kleine Hund und folgte seinen Spuren.

»Ohne den Hund bleiben wir nicht hier«, sagten die Schafe und folgten seinen Spuren.

»Ohne die Schafe bleibe ich nicht hier«, sagte der Esel und folgte ihren Spuren.

»Ohne den Esel bleibe ich nicht hier«, sagte die Kuh und folgte seinen Spuren.

»Ohne die Kuh bleibe ich nicht hier«, sagte der Ochse und folgte ihren Spuren.

Es ist auf einmal so still, dachte der Mann, der hinter seinem Ofen saß. Er rief nach dem Jungen, aber er bekam keine Antwort. Er ging in den Stall, aber der Stall war leer. Er schaute in den Hof hinaus, aber die Schafe waren nicht mehr da.

»Der Junge ist geflohen und hat alle meine Tiere gestohlen«, schrie der Mann, als er im Schnee die vielen Spuren entdeckte.

Doch kaum hatte der Mann die Verfolgung aufgenommen, fing es an zu schneien. Es schneite dicke Flocken. Sie deckten die Spuren zu. Dann erhob sich ein Sturm, kroch dem Mann unter die Kleider und biss ihn in die Haut. Bald wusste er nicht mehr, wohin er sich wenden sollte. Der Mann versank immer tiefer im Schnee.

»Ich kann nicht mehr!«, stöhnte er und rief um Hilfe.

Da legte sich der Sturm. Es hörte auf zu schneien und der Mann sah einen großen Stern am Himmel.

Was ist das für ein Stern?, dachte er.

Der Stern stand über einem Stall, mitten auf dem Feld. Durch ein kleines Fenster drang das Licht einer Hirtenlampe. Der

Mann ging darauf zu. Als er die Tür öffnete, fand er alle, die er gesucht hatte, die Schafe, den Esel, die Kuh, den Ochsen, den kleinen Hund und den Jungen. Sie waren um eine Krippe versammelt. In der Krippe lag ein Kind. Es lächelte ihm entgegen, als ob es ihn erwartet hätte.

»Ich bin gerettet«, sagte der Mann und kniete neben dem Jungen vor der Krippe nieder.

Am anderen Morgen kehrten der Mann, der Junge, die Schafe, der Esel, die Kuh, der Ochse und auch der kleine Hund nach Hause zurück. Auf der Erde lag Schnee. Es war kalt.

»Komm ins Haus«, sagte der Mann zu dem Jungen, »ich habe Holz genug. Wir wollen die Wärme teilen.«

Achim Bröger

Hast du schon einen Baum gekauft?

Sonst sammelt der Zug vor allem Schüler ein, die noch schnell Vokabeln lernen. Aber die fehlen heute, denn die Weihnachtsferien haben begonnen. Dafür hocken Männer hinter Zeitungen, andere holen Schlaf nach.

Gellend pfeift der Zug jetzt an einem Bahnübergang in die Dunkelheit. Dann hält er und ich gehe über die Gleisanlagen und an den Büschen vorbei. Und da sitzt der Mann wie immer auf der Bank. »Guten Morgen«, wünsche ich in das helle Gesicht und bleibe stehen. »Wie geht's denn?«

»Geht so«, antwortet er. »Dein Zug ist heute fünf Minuten später gekommen.« Vom ersten Tag an hat er mich geduzt, als wäre ich sein Sohn. »Kalt ist es«, stellt er jetzt fest und reibt die Hände ineinander. »Ob wir Schnee kriegen?« Und dann will er wissen: »Hast du schon einen Baum gekauft?«

»Nein«, antworte ich und möchte weitergehen, weil ich friere. Aber dann frage ich noch: »Was machst du denn an Weihnachten?«

»Nichts, es lohnt sich nicht mehr«, sagt er und dann erinnert er sich: »Früher haben wir den Weihnachtsbaum auch immer im letzten Augenblick gekauft.«

Er weiß, dass ich nur kurz Zeit habe, weil ich zur Arbeit muss. Wir verabschieden uns und ich gehe weiter. Dabei fällt mir ein, dass ich mich richtig an ihn gewöhnt habe. Schon einige Jahre lang sehen wir uns jeden Morgen an dieser Stelle. Immer wieder bin ich stehen geblieben. Und immer wieder haben wir uns ein wenig voneinander erzählt.

Hier beginnt der Park. Der Weg wird breiter, führt zwischen dunklen, hohen Bäumen entlang. Ich gehe und überlege, was ich von dem Mann auf der Bank weiß.

Er ist achtundsechzig Jahre alt und arbeitet nicht mehr. Seine Kinder leben schon lange nicht mehr bei ihm, auch seine Frau nicht. Viele gibt es nicht mehr in seinem Leben, fällt mir auf. Schlafen kann er nur schlecht und nicht mehr lange, hat er mir erzählt. Auch wenn es kalt ist, mag er morgens nicht zu Hause bleiben. Er packt eine Scheibe Brot ein, zieht seinen dicken Mantel an und geht los. Mitten in der Stadt wohnt er. Wenn er an der Bank ankommt, ist er schon zwei Stunden unterwegs. Dort ruht er sich aus und wartet auf mich. Ich bin jeden Tag der Erste, mit dem er spricht.

Von mir weiß er, dass wir vor der Stadt wohnen, meine drei Kinder, meine Frau und ich. Er weiß, dass ich arbeite, dass meine Frau tagsüber den Wagen benutzt und ich mit dem Zug fahre.

Habt ihr schon einen Baum gekauft?, hat er mich gefragt. Heute, am Vorweihnachtstag, werden wir das tun. Zu fünft suchen wir ihn aus.

Redend und gestikulierend, werden wir zwischen den anderen Weihnachtsbaumkäufern stehen. Olaf will den großen Baum haben. Gunda den kleinen niedlichen. Und Jonas verlangt sehr laut den verkrüppelten Baum, weil den sonst bestimmt keiner nimmt. Das ist dann immer der Augenblick, in dem mir das alles auf die Nerven geht und ich am liebsten gar keinen möchte.

Schließlich entscheiden wir uns. Olaf trägt den Baum vorne, ich hinten. So kommen wir nach Hause. Unsere Hände riechen noch lange nach Harz. Und meine Frau fragt: »Ich bin gespannt, ob der Baum ins Zimmer passt. Hätten wir nicht lieber doch den anderen kaufen sollen?«

Auch der Mann auf der Bank wird heute an Verkaufsständen voller Weihnachtsbäume vorbeigehen. Wahrscheinlich überlegt er gar nicht mehr, welcher ihm gefallen könnte, denn er braucht keinen. Was er morgen tun wird, am vierundzwanzigsten Dezember?

Ich stelle mir vor, dass er auch morgen früh aufsteht. Dann kommt er an weihnachtlich dekorierten Schaufenstern vorbei, die ihn wahrscheinlich nicht interessieren. Er wird zu seiner Bank gehen. Mich trifft er an diesem Tag nicht, denn wir bereiten alles für den Abend vor. Und irgendwann am späten Nachmittag stehen Elisabeth und ich mit roten Köpfen im Wohnzimmer vor dem geschmückten Baum, stöhnen und fragen uns: Ist das wirklich alles nötig? Man rennt und holt und kauft und packt und schmückt. Und alles sollte weniger

werden in diesem Jahr. Aber natürlich schenken wir wieder genauso viel wie in den letzten Jahren.

Am Abend sitzen wir dann um unseren runden Tisch. Es gibt braune, lecker riechende, saftige Speckkuchen. Wir trinken etwas Gutes, knacken Nüsse und die Kerzen am Weihnachtsbaum brennen im halbdunklen Raum ab. Später lesen die Kinder, spielen und erzählen. Das Telefon wird klingeln. Leute rufen an, wünschen Fröhliche Weihnachten und fragen: »Wie geht's denn?« Und wir können sagen: »Gut geht's uns.« Am nächsten Tag tauchen die Eltern und Schwiegereltern auf, die andere Verwandtschaft, Bekannte, Freunde. Die Türklingel kommt nicht zur Ruhe. Elisabeth backt und kocht und bestimmt stöhnen wir am zweiten Feiertag: dieser Rummel!

Wenn der Mann auf der Bank uns hören könnte, würde er vielleicht sagen: Gebt mir von eurem Rummel und von euren Besuchern ab. Ich werde nämlich viel Ruhe haben, viel zu viel sogar.

Wie jeden Morgen trage ich auch heute meine Aktentasche durch den Park. Ich kann nicht genau sagen, warum mir der Mann auf der Bank nicht aus dem Kopf geht. Wenn ich an meine Familie denke, an unser Weihnachten, denke ich sofort an ihn.

Ob er sich etwas wünscht? Vielleicht, dass er mal richtig ausschläft, wenigstens an Weihnachten. Aber gerade an diesem Tag kann er das nicht, stelle ich mir vor. Da liegt er in seinem Bett und denkt daran, dass seine Kinder früher in dem

anderen Zimmer lagen und neben ihm lag seine Frau. Damals lohnte sich Weihnachten noch für ihn. Sicher feierte er ein ganz normales Fest, wie wir das morgen tun werden. Eines mit einer Wohnung voller Menschen und Stimme, Telefonklingeln, Gerüchen und Spannung.

Bei unseren Kindern ist die Spannung sicher größer als bei meiner Frau und mir, denke ich. Schließlich haben wir schon um die vierzig Mal Weihnachten erlebt. Dann ist das nicht mehr ganz so aufregend. Aber ich bin immer noch gespannt, was ich bekomme, denn ich lasse mich gerne überraschen. Und vor allem bin ich neugierig, wie den Kindern die Überraschungen gefallen, die wir uns für sie ausgedacht haben.

Plötzlich stelle ich mir vor, dass das bei mir auch alles anders sein könnte. Ich könnte ohne Frau und Kinder leben wie der Mann auf der Bank. Dann gingen Elisabeth und ich abends nicht mehr ins Kinderzimmer, wenn sie schlafen, wie wir das gestern getan haben: noch schnell die Gunda und den Jonas zudecken. Später sitzen wir im Wohnzimmer und reden darüber, ob ihnen wohl die Geschenke gefallen werden und ob wir an alles gedacht haben. Und wir überlegen: Klappt das bei uns in der Familie so einigermaßen mit dem Zusammenleben, sind wir zu streng oder das Gegenteil? Weil wir unterschiedlich darüber denken, streiten wir. Aber auch so was gehört zum normalen Familienleben.

Da ist der Weg zu Ende. Ich komme aus dem Park. Die

Lampen beleuchten den Asphalt und ich stehe am Straßenrand, lasse Autos vorüberfahren.

Jetzt wird wohl auch der alte Mann schon von seiner Bank aufgestanden sein. Ich habe ihn nie gefragt, was er tut, wenn er nicht mehr auf der Bank sitzt. Ob er sein Mittagessen einkauft? Oder geht er einfach so spazieren?

Nach den Feiertagen könnte ich ihm ein verspätetes Weihnachtspäckchen mitbringen. Aber vielleicht meint er dann, er müsste auch mir etwas schenken, also bremse ich mich gleich. Vielleicht will er so was gar nicht. Es könnte sein, dass ihm das alles völlig gleichgültig ist. Aber eigentlich glaube ich das nicht.

Des Knaben Wunderhorn
Ein Wahrheitslied

Als Gott der Herr geboren war,
Da war es kalt;
Was sieht Maria am Wege stehn?
Ein Feigenbaum.
»Maria, lass die Feigen noch stehn,
Wir haben noch dreißig Meilen zu gehn,
Es wird uns spät.«

Und als Maria ins Städtlein kam
Vor eine Tür,
Da sprach sie zu dem Bäuerlein:
»Behalt uns hier,
Wohl um das kleine Kindelein,
Es möcht dich wahrlich sonst gereun,
Die Nacht ist kalt.«

Der Bauer sprach von Herzen: »Ja,
Geht in den Stall!«

Als nun die halbe Mitternacht kam,
Stand auf der Mann:
»Wo seid ihr dann, ihr armen Leut?
Dass ihr noch nicht erfroren seid,
Das wundert mich.«

Der Bauer ging da wieder ins Haus
Wohl aus der Scheuer:
»Steh auf, mein Weib, mein liebes Weib,
Und mach ein Feuer
Und mach ein gutes Feuerlein,
Dass diese armen Leutelein
Erwärmen sich.«

Und als Maria ins Haus hinkam,
Da war sie froh,
Joseph, der war ein frommer Mann,
Sein Säcklein holt;
Er nimmt heraus ein Kesselein,

Das Kind tät ein bisschen Schnee hinein,
Und das sei Mehl.
Es tat ein wenig Eis hinein,
Und das sei Zucker,
Es tat ein wenig Wasser drein,
Und das sei Milch;
Sie hingen den Kessel übern Herd
An einen Haken, ohn Beschwerd,
Das Müslein kocht.

Ein Löffel schnitzt der fromme Mann
Von einem Span,
Der ward von lauter Helfenbein
Und Diamant,
Maria gab dem Kind den Brei,
Da sah man, dass es Jesu sei,
Unter seinen Augen.

Margret Rettich
Die Geschichte vom Weihnachtsbraten

Einmal fand ein Mann am Strand eine Gans.

Tags zuvor hatte der Novembersturm getobt. Sicher war sie zu weit hinausgeschwommen, dann abgetrieben und von den Wellen wieder an Land geworfen worden.

In der Nähe hatte niemand Gänse. Es war eine richtige weiße Hausgans.

Der Mann steckte sie unter seine Jacke und brachte sie seiner Frau: »Hier ist unser Weihnachtsbraten.«

Beide hatten noch niemals ein Tier gehabt, darum hatten sie auch keinen Stall. Der Mann baute aus Pfosten, Brettern und Dachpappe einen Verschlag an der Hauswand. Die Frau legte Säcke hinein und darüber einen alten Pullover. In die Ecke stellte sie einen Topf mit Wasser.

»Weißt du, was Gänse fressen?«, fragte sie.

»Keine Ahnung«, sagte der Mann.

Sie probierten es mit Kartoffeln und mit Brot, aber die Gans rührte nichts an. Sie mochte auch keinen Reis und nicht den Rest vom Sonntagsnapfkuchen.

»Sie hat Heimweh nach anderen Gänsen«, sagte die Frau.

Die Gans wehrte sich nicht, als sie in die Küche getragen wurde. Sie saß still unter dem Tisch. Der Mann und die Frau hockten vor ihr, um sie aufzumuntern.

»Wir sind eben keine Gänse«, sagte der Mann. Er setzte sich auf seinen Stuhl und suchte im Radio nach Blasmusik.

Die Frau saß neben ihm am Tisch und klapperte mit den Stricknadeln. Es war sehr gemütlich. Plötzlich fraß die Gans Haferflocken und ein wenig vom Napfkuchen.

»Er lebt sich ein, der liebe Weihnachtsbraten«, sagte der Mann.

Bereits am anderen Morgen watschelte die Gans überall herum. Sie streckte den Hals durch offene Türen, knabberte an der Gardine und machte einen Klecks auf den Fußabstreifer.

Es war ein einfaches Haus, in dem der Mann und die Frau wohnten. Es gab keine Wasserleitung, sondern nur eine Pumpe. Als der Mann einen Eimer voll Wasser pumpte, wie er es jeden Morgen tat, ehe er zur Arbeit ging, kam die Gans, kletterte in den Eimer und badete. Das Wasser schwappte über und der Mann musste noch einmal pumpen.

Im Garten stand ein kleines Holzhäuschen, das war die Toilette. Als die Frau dorthin ging, lief die Gans hinterher und drängte sich mit hinein. Später ging sie mit der Frau zusammen zum Bäcker und in den Milchladen.

Als der Mann am Nachmittag auf seinem Rad von der Arbeit kam, standen die Frau und die Gans an der Gartenpforte.

»Jetzt mag sie auch Kartoffeln«, erzählte die Frau.

»Brav«, sagte der Mann und streichelte der Gans über den Kopf, »dann wird sie bis Weihnachten rund und fett.«

Der Verschlag wurde nie benutzt, denn die Gans blieb jede Nacht in der warmen Küche. Sie fraß und fraß. Manchmal setzte die Frau sie auf die Waage und jedes Mal war sie schwerer.

Wenn der Mann und die Frau am Abend mit der Gans zusammensaßen, malten sich beide die herrlichsten Weihnachtsessen aus.

»Gänsebraten und Rotkohl, das passt gut«, meinte die Frau und kraulte die Gans auf ihrem Schoß.

Der Mann hätte zwar statt Rotkohl lieber Sauerkraut gehabt, aber die Hauptsache waren für ihn die Klöße.

»Sie müssen so groß sein wie mein Kopf und alle genau gleich«, sagte er.

»Und aus rohen Kartoffeln«, ergänzte die Frau.

»Nein, aus gekochten«, behauptete der Mann. Dann einigten sie sich auf Klöße halb aus rohen und halb aus gekochten Kartoffeln. Wenn sie ins Bett gingen, lag die Gans am Fußende und wärmte sie.

Mit einem Mal war Weihnachten da.

Die Frau schmückte einen kleinen Baum.

Der Mann radelte zum Kaufmann und holte alles, was sie für den großen Festschmaus brauchten. Außerdem brachte er ein Kilo extrafeine Haferflocken.

»Wenn es auch ihre letzten sind«, seufzte er, »soll sie doch wissen, dass Weihnachten ist.«

»Was ich sagen wollte«, meinte die Frau, »wie, denkst du, sollten wir . . . ich meine . . . wir müssten doch nun . . .«
Aber weiter kam sie nicht.

Der Mann sagte eine Weile nichts. Und dann: »Ich kann es nicht.«

»Ich auch nicht«, sagte die Frau. »Ja, wenn es eine x-Beliebige wäre. Aber nicht diese hier. Nein, ich kann es auf gar keinen Fall.«

Der Mann packte die Gans und klemmte sie in den Gepäckträger. Dann fuhr er auf dem Rad zum Nachbarn. Die Frau kochte inzwischen den Rotkohl und machte Klöße, einen genauso groß wie den anderen.

Der Nachbar wohnte zwar ziemlich weit weg, aber doch nicht so weit, dass es eine Tagesreise hätte werden müssen. Trotzdem kam der Mann erst am Abend wieder. Die Gans saß friedlich hinter ihm.

»Ich habe den Nachbarn nicht angetroffen, da sind wir etwas herumgeradelt«, sagte er verlegen.

»Macht gar nichts«, rief die Frau munter, »als du fort warst, habe ich mir überlegt, dass es den feinen Geschmack des Rotkohls und der Klöße nur stört, wenn man noch etwas anderes dazu auftischt.«

Die Frau hatte Recht und sie hatten ein gutes Essen. Die Gans verspeiste zu ihren Füßen die extrafeinen Haferflocken. Spä-

ter saßen sie alle drei nebeneinander auf dem Sofa in der
guten Stube und sahen in das Kerzenlicht.

Übrigens kochte die Frau im nächsten Jahr zu den Klößen zur
Abwechslung Sauerkraut. Im Jahr darauf gab es zum Sauerkraut breite Bandnudeln. Das sind so gute Sachen, dass man
nichts anderes dazu essen sollte.

Inzwischen ist viel Zeit vergangen.

Gänse werden sehr alt.

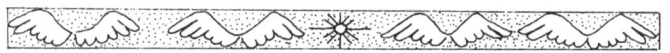

Fjodor Dostojewski

Der Christbaum der armen Kinder

Es war am frühen Morgen. In einem feuchten, kalten Keller-
loch erwachte er. Sein Röcklein war dünn, er zitterte vor
Kälte; in der Ecke auf dem Kasten sitzend, vergnügte er sich
aus Langeweile zuzusehen, wie der Atem aus dem Munde
flog. Und er trat immer wieder an die Pritsche, auf der seine
kranke Mutter lag; dünn wie ein Pfannkuchen war die Streu,
statt des Kissens hatte sie unter ihrem Kopf irgendein Bündel.
Welches Schicksal führte sie hierher? Wahrscheinlich war sie
mit ihrem Knaben aus einer anderen Stadt gekommen und
plötzlich erkrankt . . .

Feiertag war vor der Tür, deshalb hatten sich die anderen
Kellerbewohner entfernt.

Zu trinken hatte er sich im Hausflur beschafft, aber nirgends
konnte er ein Krustchen Brot finden. Er betastete das Gesicht
der Mutter und wunderte sich, dass sie sich gar nicht regte
und so kalt wie die Wand war. Wie kalt ist es hier, dachte er,
indem seine Hand auf der Schulter der Toten ruhte. Plötzlich
läuft er hinaus. Kälte, Schnee und vermummte Menschen.
Dann Glas! Und hinter dem Glas eine Stube! Und in der Stube

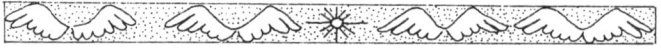

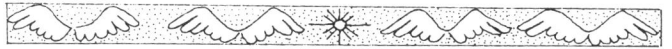

ein Baum bis zur Decke – das ist ein Christbaum mit vielen goldenen Papierchen und Äpfeln! Um den Christbaum liegen Püppchen und kleine Pferdchen. In der Stube laufen Kinder, geputzt, reinlich – und sie lachen und spielen und essen und trinken. Der arme Knabe sieht das alles, wundert sich und lacht.

Jetzt aber fangen ihm die Zehen an den Füßen zu schmerzen an und die Hände sind ganz rot geworden, die Finger biegen sich nicht mehr und schmerzen beim Bewegen. Da fängt der Knabe bitterlich zu weinen an und läuft weiter. Durch ein anderes Glas sieht er wieder eine Stube, mit Christbäumen ausgeschmückt; auf den Tischen liegen Kuchen allerlei Art, Mandelkuchen, rote, gelbe Kuchen; es sitzen da vier reich geputzte Damen, jedem, der kommt, geben sie Kuchen und die Tür geht fortwährend auf; es kommen von der Straße viele Herrschaften herein. Der Kleine schleicht sich an die Tür, öffnet, tritt in die Stube. Hu!, wie man ihn anschreit, ihm zuwinkt, dass er fortgehen soll. Eine der Damen tritt schnell an ihn heran, steckt ihm ein Kopekchen zu und macht die Tür zur Straße auf. Wie der Kleine erschrickt! Das Kopekchen rollt auf die Straße; er kann ja, um es zu halten, seine Finger nicht biegen. Schnell läuft er fort, wohin, weiß er selbst nicht. Und er läuft, läuft und pustet in die Hände.

Plötzlich scheint es ihm, als ob jemand von hinten an sein Röckchen greife, und da steht auf einmal ein großer, böser Bengel neben ihm, schlägt ihm auf den Kopf, reißt ihm die

Mütze ab und stellt ihm ein Bein. Er fällt auf die Erde. Die Leute schreien auf. Und da erschrickt er, springt in die Höhe und läuft, läuft – wohin, weiß er selbst nicht – auf einen fremden Hof und verbirgt sich hinter dem aufgestapelten Holz.

Hier ist's dunkel, denkt er, hier findet man ihn nicht. Er kauert sich zusammen, vor Angst kann er kaum atmen. Auf einmal wird es ihm so leicht, Hände und Füße schmerzen nicht mehr, Wärme durchdringt seinen Körper, so warm fühlt er sich wie auf dem Ofen. Und jetzt wieder schauert er zusammen – er ist eingeschlafen. Wie gut es hier ist zu schlafen. Und im Traum wird es ihm, als singe über ihm seine Mutter ein Wiegenlied. Mütterchen, ich schlafe. Ach, es ist hier so gut zu schlafen.

»Komm zu mir zum Christbaum, Knabe«, sagt über ihm eine sanfte Stimme. Der Kleine denkt, seine Mutter rufe ihm zu, aber nein, sie ist es nicht. Jemand beugt sich zu ihm und umschlingt ihn in der Dunkelheit. Und was für ein Licht glänzt ihm entgegen! Oh, was für ein Christbaum! Aber nein, es ist kein Christbaum. Noch nie hat er solch einen Baum gesehen. Alles glänzt, alles blitzt und ringsherum lauter Püppchen. Aber nein, das sind Knaben und Mädchen in lichten Gewändern, sie fliegen ihm zu, küssen ihn, nehmen ihn mit sich und er selbst fliegt . . . Seine Mutter sieht ihn an und lächelt freudig. Mutter! Mutter! Ach, wie gut ist es hier, Mutter! Und wieder küssen ihn die

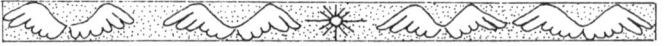

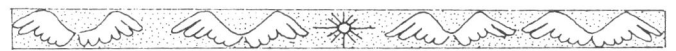

Kinder. »Wer seid ihr, Knaben? Und wer seid ihr, Mädchen«, fragt er lächelnd.

»Dies ist Christi Weihnachtsbaum«, antworten sie ihm. »An diesem Tag hat Christus immer einen Weihnachtsbaum für die Kinder, welche auf Erden keinen Baum haben.« Und der Kleine hört, dass die Knaben und Mädchen solche Kinder gewesen sind wie er selbst. Und alle sind jetzt hier, alle beim Christ, der ihnen seine Hände entgegenhält, der sie und ihre armen Mütter segnet.

Betty Smith

Weihnachtstannen in Williamsburg

In Williamsburg gab es, was die Weihnachtsbäume betraf, eine grausame Sitte. Man erzählte, man brauchte nur zu warten bis Mitternacht des Heiligen Abends, dann würden einem die Christbäume, die noch nicht verkauft waren, geradezu nachgeworfen. Und das stimmte im wahrsten Sinne des Wortes. Am Heiligen Abend versammelten sich die Kinder um zwölf Uhr nachts vor den noch unverkauften Christbäumen. Der Verkäufer warf einen Baum nach dem anderen weg. Er begann immer mit den größten. Die Kinder boten sich an die Bäume aufzufangen. Wenn sie unter dem Aufprall nicht zu Boden fielen, durften sie den Baum behalten. Hielten sie aber dem Wurf nicht stand, dann hatten sie ihre Chance, einen Baum zu gewinnen, verscherzt.

Nur die stärksten unter den Knaben wagten es, sich den größten Baum anwerfen zu lassen. Die anderen warteten, bis ein Baum an die Reihe kam, dessen Gewicht sie zu ertragen vermochten. Die kleinsten Kinder warteten auf die ganz kleinen, fußgroßen Bäumchen und jauchzten vor Entzücken, wenn es ihnen gelang, eines zu gewinnen.

Als Francie zehn Jahre alt war und Neeley neun, erlaubte ihnen Mama zum ersten Mal ihr Glück mit einem Christbaum zu versuchen. Francie hatte sich schon während des Tages ihren Baum ausgesucht. Sie hatte den ganzen Abend daneben gestanden und gebetet, dass ihn nicht vorher noch jemand kaufe. Zu ihrer großen Freude war er um Mitternacht noch da. Es war der größte Baum von allen und er war so teuer, dass niemand ihn bezahlen konnte. Er war drei Meter hoch. Seine Zweige waren mit einer hübschen Schnur zusammengebunden und er hatte eine schöne gerade Spitze. Dieser Baum kam zuerst an die Reihe. Aber noch bevor sich Francie melden konnte, hatte Punky Perkins, einer der rauflustigsten Jungen der Nachbarschaft, der schon achtzehn Jahre alt war, dem Mann befohlen ihm den Baum anzuwerfen. Aber dem Mann gefiel die selbstsichere Art des Jungen nicht. Er schaute sich um und fragte: »Ist sonst noch jemand da, der es wagen will?« Francie gab sich einen Ruck: »Ich, Mister.«

Der Mann lachte spöttisch auf. Die anderen Kinder kicherten. Die umstehenden Erwachsenen, die gekommen waren, um der Konkurrenz beizuwohnen, staunten mit offenem Mund.

»Ach, was denkst du denn, du bist doch viel zu klein«, wandte der Verkäufer ein.

»Aber ich und mein Bruder zusammen, wir sind nicht zu klein.«

Sie nahm Neeley beim Ärmel. Der Mann schaute die beiden Kinder an: ein schmächtiges zehnjähriges Mädchen mit vor

Hunger eingefallenen Wangen und einem noch kindlich gerundeten Kinn und ein kleiner blonder Junge mit kugelrunden blauen Augen, Neeley Nolan, der ganz aus Unschuld und Vertrauen bestand.

»Zwei ist nicht fair«, kläffte Punky.

»Halt deinen lausigen Schnabel!«, riet ihm der Mann, der in jener Stunde das entscheidende Wort zu sprechen hatte. »Diese Kinder haben Mut. Weg mit euch allen. Sie sollen ihr Glück einmal probieren!«

Die Zuschauer bildeten eine krumme Gasse. Francie und Neeley standen an deren einem Ende und der Mann mit dem Weihnachtsbaum am anderen. Schon bog der Mann seine kräftigen Arme, um den Baum zu werfen. Da wurde ihm für einen Moment bewusst, wie klein die beiden Kinder noch waren, und während dieses Augenblicks wurde seine Seele von Mitleid gequält.

Ach Gott, dachte er, warum gebe ich den armen Würmern den Baum nicht einfach und sage »Fröhliche Weihnachten« dazu? Der Baum ist ohnehin verloren für mich. Ich kann ihn dieses Jahr doch nicht mehr verkaufen und bis zum nächsten Jahr ist er verdorrt. Die Kinder schauten ihn ernst und feierlich an, während er dastand und sich diese Gedanken machte. Aber dann, räsonierte er, werden alle andern von mir erwarten, dass ich ihnen den Baum auch schenke. Und im nächsten Jahr würde mir überhaupt niemand mehr einen Baum abkaufen. Sie würden alle warten, bis ich ihn ihnen auf einem silbernen Präsen-

tierteller anböte. Ich bin nicht so reich, dass ich diesen Baum umsonst verschenken kann. Nein, ich bin nicht reich genug. Ich bin nicht reich genug, um mir so etwas leisten zu können. Ich muss auch an mich und meine eigenen Kinder denken.

Nun war sein Entschluss gefasst. Ach, zum Teufel! Diese beiden Kinder müssen sich daran gewöhnen, dass sie in einer rauen Welt leben. Sie müssen es lernen, Schmerz zu ertragen und Schmerz zuzufügen. Und, bei Gott, weniger zufügen als ertragen, ertragen, immer ertragen in dieser gottverdammten Welt. Während er den Baum mit aller Wucht auf die Kinder warf, schrie es in seinem Herzen: »Es ist eine gottverdammte, verdorbene, elende Welt!«

Francie sah den Baum durch die Luft fliegen. Für den Bruchteil einer Sekunde hörten Raum und Zeit auf zu sein. Die ganze Welt schien stillzustehen, während das dunkle, ungeheure Ding auf sie zuflog. Das Entsetzen vor dem fliegenden Baum schien alle anderen Erinnerungen ihres Lebens auszuwischen. Es gab nichts mehr als schneidende Dunkelheit und etwas, das größer und größer wurde, während es auf sie zustürzte. Sie schwankte unter dem Anprall des Baumes. Neeley wollte in die Knie sinken, aber sie zog ihn energisch hoch, bevor er den Boden berührte. Der Baum fiel mit einem mächtigen Rauschen vor ihnen nieder. Vor ihren Augen war alles dunkel, grün und stachelig. Dann fühlte Francie einen stechenden Schmerz an der Schläfe, wo der Baum sie getroffen hatte. Sie spürte, wie Neeley zitterte.

Als ein paar größere Jungen den Baum wegzogen, fanden sie Francie und Neeley aufrecht Hand in Hand dastehen. Das Blut strömte über Neeleys zerkratztes Gesicht. Er glich mehr denn je einem Kleinkind mit seinen entsetzten blauen Augen und seiner zarten Haut, die zwischen den roten Blutbächlein noch weißer schimmerte als sonst. Aber sie lächelten beide. Hatten sie nicht den größten Weihnachtsbaum des ganzen Viertels gewonnen? Einige der Knaben schrien: »Hurra!« Die Erwachsenen klatschten Beifall. Und der Christbaumverkäufer lobte sie mit den Worten: »Und nun macht, dass ihr zum Teufel kommt, ihr lausigen Halunken!«

Aber Francie war von klein auf ans Fluchen gewöhnt. Unanständigkeiten und wüste Wörter hatten unter ihresgleichen ihren ursprünglichen Sinn verloren. Die Flüche waren einfach Gefühlsausbrüche von ungebildeten Leuten mit unbegrenztem Wortschatz. Sie waren eine Art Armendialekt. Die Wörter konnten mancherlei bedeuten, je nach dem Ton, in dem sie gesagt wurden, und der Geste, die sie begleitete. So war es auch jetzt. Als Francie die Wörter »lausige Halunken« hörte, lächelte sie den freundlichen Mann zitternd an. Sie wusste ganz gut, was er damit meinte: »Gott segne euch – fröhliche Weihnachten!«

Es war nicht leicht, den Baum nach Hause zu schleppen. Zudem wurden sie von einem Gassenjungen behindert, der ihnen nachlief und schrie: »Freie Fahrt! Einsteigen!«, und dabei immer auf den Baum sprang und sich mitschleppen

ließ. Aber schließlich wurde ihm das Spiel zu dumm und er ließ sie in Ruhe.

Andererseits war es ein Vorteil, dass sie so viel Zeit brauchten, um den Baum heimzuschleppen. Sie konnten auf diese Weise ihren Triumph länger auskosten.

Francie glühte vor Stolz, als eine Dame sagte: »Ich habe in meinem Leben noch nie einen so großen Baum gesehen!« Ein Mann rief ihnen nach: »He, Kinder, habt ihr eine Bank geplündert, dass ihr einen so schönen Baum kaufen konntet?« Der Polizist an der Straßenecke hielt sie an, bewunderte den Baum und bot ihnen zehn Cent dafür, fünfzehn Cent, wenn sie ihn bis vor sein Haus schleppen würden. Francie platzte fast vor Stolz, wenn sie auch wusste, dass er nur Spaß machte. Sie sagte, nicht einmal für einen Dollar würde sie ihn hergeben. Er schüttelte den Kopf und sagte, sie sei aber dumm, dass sie das gute Geschäft ausschlage. Er steigerte sein Angebot bis zu einem viertel Dollar, aber Francie schüttelte, immer lächelnd, den Kopf und sagte: »Nein!« Sie kam sich vor wie in einem Weihnachtsspiel, in welchem der Handlungsort eine Straßenecke war, die Zeit ein frostiger Heiliger Abend und die Personen ein freundlicher Polizist, ihr Bruder und auch sie selbst. Francie dachte sich den ganzen Dialog aus. Der Polizist konnte seine Rolle gut und sie brauchte nur im rechten Augenblick fortzufahren.

Vor dem Haus angelangt, mussten sie Papa herunterrufen, damit er ihnen helfe den Baum die schmalen Treppen hinauf-

zutransportieren. Papa rannte die Treppe herab. Sein Staunen über die Größe des Baumes war höchst schmeichelhaft. Er tat so, als könnte er nicht glauben, dass der Baum wirklich Francie und Neeley gehörte. Es belustigte Francie sehr, ihn immer wieder davon zu überzeugen, obwohl sie genau wusste, dass das alles nur ein Spiel war.

Papa zog vorn am Baum, während Francie und Neeley hinten schoben, und so schleppten sie den großen Baum das schmale Treppenhaus hinauf. Johnny war so begeistert, dass er zu singen anfing, ohne sich darum zu kümmern, dass es schon sehr spät in der Nacht war. Er sang »Stille Nacht«. Seine helle süße Stimme widerhallte in dem engen Treppenhaus. Quietschende Türen öffneten sich und ganze Familien versammelten sich auf den Treppenabsätzen, glücklich und erstaunt darüber, dass plötzlich in ihrem Leben etwas so Schönes und Merkwürdiges passierte.

Brüder Grimm

Die Sterntaler

Es war einmal ein kleines Mädchen, dem waren Vater und Mutter gestorben, und es war so arm, dass es kein Kämmerchen mehr hatte darin zu wohnen und kein Bettchen mehr darin zu schlafen und endlich gar nichts mehr als die Kleider auf dem Leib und ein Stückchen Brot in der Hand, das ihm ein mitleidiges Herz geschenkt hatte. Es war aber gut und fromm. Und weil es von aller Welt verlassen war, ging es im Vertrauen auf den lieben Gott hinaus ins Feld. Da begegnete ihm ein armer Mann, der sprach: »Ach, gib mir etwas zu essen, ich bin so hungrig.« Es reichte ihm das ganze Stückchen Brot und sagte: »Gott segne dir's«, und ging weiter. Da kam ein Kind, das jammerte und sprach: »Es friert mich so an meinem Kopfe, schenk mir etwas, womit ich ihn bedecken kann.« Da tat es seine Mütze ab und gab sie ihm. Und als es noch eine Weile gegangen war, kam wieder ein Kind und hatte kein Leibchen an und fror: Da gab es ihm seins; und noch weiter, da bat eins um ein Röcklein, das gab es auch von sich hin. Endlich gelangte es in einen Wald und es war schon dunkel geworden, da kam noch eins und bat um ein Hemd-

lein und das fromme Mädchen dachte: Es ist dunkle Nacht, da sieht dich niemand, du kannst wohl dein Hemd weggeben, und zog das Hemd ab und gab es auch noch hin. Und wie es so stand und gar nichts mehr hatte, fielen auf einmal die Sterne vom Himmel und waren lauter harte blanke Taler: Und ob es gleich sein Hemdlein weggegeben hatte, so hatte es ein neues an, und das war vom allerfeinsten Linnen. Da sammelte es sich die Taler hinein und war reich für sein Lebtag.

Agatha Christie

Der kleine Weihnachtsesel

Es war einmal ein sehr unartiger kleiner Esel. Es gefiel ihm, unartig zu sein. Wenn ihm etwas auf den Rücken gepackt wurde, warf er es ab und er lief den Leuten nach, weil er sie beißen wollte. Sein Herr konnte nichts mit ihm anfangen, so verkaufte er ihn einem andern, der auch nicht mit dem Esel fertig wurde und ihn weiterverkaufte und schließlich wurde er für ein paar Groschen an einen bösen alten Mann verkauft, der alte, abgearbeitete Esel erstand und sie durch Überanstrengung und schlechte Behandlung umbrachte. Aber der unartige Esel jagte den Alten und biss ihn und dann rannte er weg.

Er wollte sich nicht wieder einfangen lassen, deshalb gesellte er sich zu einer Karawane, die des Weges zog. Niemand wird wissen, wem ich in diesem Haufen gehöre, dachte der Esel.

Alle diese Leute waren zur Stadt Bethlehem unterwegs, und als sie dort anlangten, begaben sie sich zu einer großen Herberge voller Menschen und Tiere. Das Eselchen schlüpfte in einen schönen, kühlen Stall, wo ein Ochse und ein Kamel

waren. Das Kamel war sehr hochmütig wie alle Kamele, denn Kamele glauben, sie allein kennen die vielen geheimen Namen Gottes. Da es zu stolz war, um mit dem Esel zu sprechen, begann der Esel zu prahlen. Er prahlte gern.

»Ich bin ein sehr ungewöhnlicher Esel«, sagte er. »Ich kann voraussehen und hinterhersehen.«

»Was heißt das?«, fragte der Ochse.

»Wie meine Vorderbeine – vorn – und meine Hinterbeine – hinten. Oh ja, meine Urur-siebenunddreißigmal-Ururgroßmutter gehörte dem Propheten Bileam und sie sah mit eigenen Augen den Engel des Herrn!«

Aber der Ochse kaute weiter und das Kamel blieb stolz.

Dann kamen ein Mann und eine Frau herein und es gab viel Aufregung. Doch der Esel fand bald heraus, dass sich das ganze Aufheben nicht lohnte, die Frau gebar bloß ein Kind, und das geschieht jeden Tag. Nach der Geburt des Kindes erschienen einige Hirten und taten sich viel zugute auf das Kind – aber die Hirten sind ja sehr einfache Menschen.

Dann aber kamen Männer in langen, reich geschmückten Gewändern.

»Sehr bedeutende Persönlichkeiten«, zischte das Kamel.

»Wieso?«, fragte der Esel.

»Sie bringen Geschenke«, sagte das Kamel.

Da der Esel annahm, Geschenke wären etwas Gutes zu essen, schnüffelte er, als es dunkel wurde, eifrig herum. Aber das erste Geschenk war gelb und hart, das zweite brachte den Esel

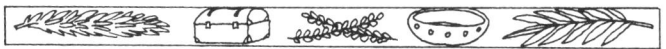

zum Niesen, und als er am dritten leckte, schmeckte es abscheulich und bitter.

Was für dumme Geschenke, dachte der Esel enttäuscht.

Als er aber so bei der Krippe stand, streckte das Kind sein Händchen aus, griff nach dem Ohr des Esels und hielt es fest.

Und da geschah etwas sehr Seltsames. Der Esel wollte nicht mehr unartig sein.

Zum ersten Mal in seinem Leben wollte er gut sein. Und er wollte dem Kind etwas schenken – doch er hatte nichts zu geben. Das Kind schien an seinem Ohr Freude zu haben, aber das Ohr war ja ein Teil von ihm . . . und da kam ihm noch ein merkwürdiger Gedanke. Vielleicht konnte er sich selbst dem Kind schenken . . .

Kurz darauf kam Joseph mit einem groß gewachsenen Fremden in den Stall. Der Fremde sprach eindringlich auf Joseph ein, und als der Esel die beiden betrachtete, traute er kaum seinen Augen. Der Fremde schien sich aufzulösen und an seiner Stelle stand ein Engel des Herrn, eine goldene Gestalt mit Flügeln. Doch gleich darauf verwandelte sich der Engel wieder in einen gewöhnlichen Menschen. Meine Güte, ich habe Gesichte, sagte sich der Esel, das Futter muss schuld daran sein.

Joseph sprach mit Maria.

»Wir müssen mit dem Kind fliehen. Wir dürfen keine Zeit verlieren.« Sein Blick fiel auf den Esel. »Wir wollen diesen Esel

hier nehmen und für seinen unbekannten Besitzer Geld zurücklassen. Auf diese Weise verlieren wir keine Zeit.«

So begaben sie sich hinaus auf den Weg, der aus Bethlehem fortführte. Doch als sie an einen engen Ort gelangten, erschien der Engel des Herrn mit flammendem Schwert und der Esel bog vom Wege ab und erkletterte einen Berghang. Joseph wollte ihn zum Weg zurücklenken, aber Maria sagte: »Lass ihn. Denk an den Propheten Bileam.«

Gerade als sie den Schutz einiger Ölbäume erreichten, stampften und klirrten die Kriegsknechte des Königs Herodes mit gezogenen Schwertern den Weg entlang. Genau wie bei meiner Urahne, dachte der Esel, sehr zufrieden mit sich selbst. Es nimmt mich wunder, ob ich auch voraussehen kann.

Er zwinkerte mit den Augen und da sah er ein undeutliches Bild – einen Esel, der in einen Brunnen gefallen war, und einen Mann, der ihn herauszog ...

Das ist ja mein Herr, zum Mann herangewachsen, dachte der Esel.

Dann ein anderes Bild – derselbe Mann ritt auf einem Esel in eine Stadt ...

Natürlich, sagte sich der Esel, der soll zum König gekrönt werden!

Aber die Krone schien nicht aus Gold zu sein, sondern aus Dornen. Der Esel liebte Dornen und Disteln, doch für eine Krone mochten sie nicht das Richtige sein. Und er nahm einen Geruch wahr, den er kannte und fürchtete – Blutge-

ruch, und da war etwas an einem Schwamm, bitter wie die Myrrhe, die er im Stall gekostet hatte.

Da erkannte der Esel plötzlich, dass er nicht mehr voraussehen mochte. Er wollte nur dem Tag leben, wollte seinen kleinen Herrn lieben und von ihm geliebt werden, wollte ihn und seine Mutter sicher nach Ägypten tragen.

Regine Schindler
Eine Spur im Sand

In der Ferne sehe ich einen Hirtenjungen.
Man hat ihn sorgsam zugedeckt.
Sein Vater hat ihm wohl ein Lied gesungen.
Und niemand hat ihn aufgeweckt,
Als der Engel kam mit himmlischem Schein.
»Lasst ihn schlafen. Er ist zu klein!«

Und wie er aufwacht aus tiefem Schlafe,
Schaut er sich um und sieht: Ich bin allein.
Nichts als die Herde, kein Hund, nur die Schafe.
Da fühlt sich der Junge winzig klein.
Die Engel sind fort, die Engel, die scheinen.
Der Junge steht auf. Er möchte weinen.

Doch am Himmel leuchtet ein Stern, der lacht.
Es ist, als reiche er ihm die Hand.
Die Tränen sind fort. Hell ist die Nacht.
Der Junge sieht eine Spur im Sand.
Die Spur führt ihn fort, sie führt zum Stall.
Und es leuchtet der Stern wie ein glühender Ball.
Was der Junge findet: Es ist nur ein Kind.

Ein kleiner Bub auf der Mutter Schoß,
Gewärmt vom Atem von Esel und Rind.
Der Hirtenjunge fühlt sich jetzt groß.
Es wird ihm warm: Hier ist keiner klein.
Der Junge denkt: Hier möcht ich immer sein.

Diese Spur, ich möchte sie heute noch finden.
Ist sie in einem fernen Land?
Ist sie verweht von Wüstenwinden
Die Spur, die der Hirtenjunge fand,
Die Spur, die mich führt zum kleinen Kind,
Bei dem auch die Kleinen Große sind?

Ich brauche den Stern, den glühenden Ball.
Doch ich seh ihn nur in schönen Träumen.
Ich suche noch heute den Weg zum Stall.
Ich bin umringt von Tannenbäumen.
Die glitzern hell, aber ihre Lichter
Spiegeln nur unsre eignen Gesichter.

Doch bin ich sicher: Der Stern ist da.
So groß wie in jenen alten Zeiten.
Er ist an allen Orten ganz nah.
Willst du mich beim Suchen begleiten?
Gibst du mir dabei deine Hand?
Wir finden sie – die Spur im Sand.

Lukasevangelium

Jesu Geburt

Es begab sich aber zu der Zeit, dass ein Befehl von dem Kaiser Augustus ausging, alle Welt sollte sich für die Steuer eintragen lassen. Diese Eintragung war die erste und sie geschah zur Zeit, als Quirinius Statthalter in Syrien war. Und alle gingen hin, um sich eintragen zu lassen, jeder in seine Stadt. Da ging auch Josef aus Galiläa aus der Stadt Nazaret nach Judäa hinauf zur Stadt Davids, die Bethlehem heißt, weil er aus dem Haus und Geschlecht Davids war, um sich eintragen zu lassen mit Maria seiner Braut; die war schwanger. Als sie aber dort waren, kam die Zeit, dass sie gebären sollte. Und sie gebar ihren ersten Sohn, wickelte ihn in Windeln und legte ihn in eine Krippe; denn sie hatten sonst keinen Platz in der Herberge.

Es waren aber Hirten in derselben Gegend auf dem Felde, die hüteten nachts ihre Herde. Und der Engel des Herrn trat zu ihnen und die Klarheit des Herrn umleuchtete sie; und sie fürchteten sich sehr. Und der Engel sprach zu ihnen: *Fürchtet euch nicht! Siehe, ich verkündige euch große Freude, die dem ganzen Volk widerfahren wird; denn euch ist heute in der Stadt Davids der Heiland geboren; das ist Christus, der Herr. Und das nehmt zum Zeichen: Ihr werdet ein Kind finden, in Windeln*

gewickelt und in einer Krippe liegen.« Und plötzlich war bei dem Engel die Menge der himmlischen Heerscharen, die lobten Gott und sprachen: *Ehre sei Gott in der Höhe und Friede auf Erden bei den Menschen seines Wohlgefallens.*

Und als die Engel von ihnen zum Himmel fuhren, sagten die Hirten zueinander: Lasst uns nun nach Bethlehem gehen und sehen, was geschehen ist, wie es uns der Herr verkündet hat. Und sie gingen eilends und fanden Maria und Josef, dazu das Kind in der Krippe liegen. Als sie es aber gesehen hatten, verbreiteten sie das Wort, das zu ihnen über dies Kind gesagt worden war. Und alle, vor die es kam, wunderten sich über die Worte, die ihnen die Hirten gesagt hatten. Maria aber behielt alle diese Worte und bewegte sie in ihrem Herzen. Und die Hirten kehrten zurück, priesen und lobten Gott für alles, was sie gehört und gesehen hatten, wie es zu ihnen gesagt war.

Und als acht Tag um waren und man das Kind beschneiden musste, gab man ihm den Namen Jesu, wie ihn der Engel genannt hatte, bevor das Kind im Mutterleib empfangen war.

Quellenverzeichnis

Bolliger, Max: *Eine Wintergeschichte* aus: ders., »Eine Wintergeschichte«, © Nord-Süd Verlag AG, Gossau Zürich 1993.

Bröger, Achim: *Hast du schon einen Baum gekauft?* aus: ders., »Schön, daß es dich gibt. Erzählungen von Achim Bröger«, © Arena Verlag GmbH, Würzburg 1995.

Christie, Agatha: *Der kleine Weihnachtsesel* aus: Walter Rohrbach (Hrsg.), »Ochs und Esel an der Krippe. Die schönsten Weihnachtserzählungen von den Tieren in der heiligen Nacht«, © Verlags AG Die Arche, Zürich 1971.

Krüss, James: *Ladislaus und Annabella,* © Erbengemeinschaft James Krüss.

Maar, Paul: *Weihnachtsüberraschungen,* © Paul Maar.

Preußler, Otfried: *Die Krone des Mohrenkönigs* aus: ders., »Der Engel mit der Pudelmütze«, © K. Thienemanns Verlag, Stuttgart – Wien – Bern 1985.

Rettich, Margret: *Die Geschichte vom Weihnachtsbraten* aus: dies., »Wirklich wahre Weihnachtsgeschichten«, © Annette Betz Verlag, Wien – München 1976.

Schindler, Regine: *Eine Spur im Sand,* © Regine Schindler

Smith, Betty: *Weihnachtstannen in Williamsburg* aus: »Wie das Kamel seinen Buckel bekam. Vorlesegeschichten von Boccaccio bis Biermann«, © Verlag Neues Leben, Berlin 1991.

Waggerl, Karl Heinrich: *Worüber das Christkind lächeln musste* aus: ders., »Und es begab sich . . . «, © Otto Müller Verlag, Salzburg 1953.